Livre d'Or

....

....

....

better notes

© Better Notes · Kochhannstr. 30 · 10249 Berlin · info@betternotes.de · www.better-notes.de
Auteur et conception de la couverture: Ilya Malyanov / ilyamalyanov.com

La plus belle photo :

Nom:

....

Les meilleures Vœux:

La plus belle photo :

Nom:

....

Les meilleures Vœux:

....
....
....
....
....
....
....
....
....

La plus belle photo :

Nom:
....

Les meilleures Vœux:

La plus belle photo :

Nom:

....

Les meilleures Vœux:

....
....
....
....
....
....
....
....

La plus belle photo :

Nom:

Les meilleures Vœux:

La plus belle photo :

Nom:

....

Les meilleures Vœux:

....
....
....
....
....
....
....
....
....

La plus belle photo :

Nom:

....

Les meilleures Vœux:

La plus belle photo :

La plus belle photo :

La plus belle photo :

Nom:

....

Les meilleures Vœux:

La plus belle photo :

Nom:

....

Les meilleures Vœux:

La plus belle photo :

La plus belle photo :

La plus belle photo :

Nom:

....

Les meilleures Vœux:

La plus belle photo :

Nom:

Les meilleures Vœux:

La plus belle photo :

La plus belle photo :

Nom:

....

Les meilleures Vœux:

....
....
....
....
....
....
....
....
....

La plus belle photo :

Nom:

....

Les meilleures Vœux:

La plus belle photo :

La plus belle photo :

Nom:

Les meilleures Vœux:

La plus belle photo :

La plus belle photo :

La plus belle photo :

La plus belle photo :

La plus belle photo :

Nom:

....

Les meilleures Vœux:

....
....
....
....
....
....
....
....

La plus belle photo :

Nom:

Les meilleures Vœux:

La plus belle photo :

La plus belle photo :

Nom:

....

Les meilleures Vœux:

....
....
....
....
....
....
....
....
....

La plus belle photo :

La plus belle photo :

La plus belle photo :

La plus belle photo :

La plus belle photo :

La plus belle photo :

La plus belle photo :

Nom:

....

Les meilleures Vœux:

....
....
....
....
....
....
....
....
....

La plus belle photo :

Nom:

Les meilleures Vœux:

La plus belle photo :

Nom:

....

Les meilleures Vœux:

....
....
....
....
....
....
....
....
....

La plus belle photo :

Nom:

....

Les meilleures Vœux:

....
....
....
....
....
....
....
....
....

La plus belle photo :

La plus belle photo :

Nom:

....

Les meilleures Vœux:

....
....
....
....
....
....
....
....
....

Printed in France by Amazon
Brétigny-sur-Orge, FR